Jacqueline Schäfer

Seneca zur Sklavenhaltung - Die Entwicklung der Sklaverei von der Antike bis heute

GRIN Verlag

Bibliografische Information der Deutschen Nationalbibliothek:

Die Deutsche Bibliothek verzeichnet diese Publikation in der Deutschen National-
bibliografie; detaillierte bibliografische Daten sind im Internet über http://dnb.d-
nb.de/ abrufbar.

Impressum:

Copyright © 2011 GRIN Verlag, Open Publishing GmbH
Druck und Bindung: Books on Demand GmbH, Norderstedt Germany
ISBN: 978-3-640-88697-5

Dieses Buch bei GRIN:

http://www.grin.com/de/e-book/170044/seneca-zur-sklavenhaltung-die-entwicklung-
der-sklaverei-von-der-antike

GRIN - Your knowledge has value

Der GRIN Verlag publiziert seit 1998 wissenschaftliche Arbeiten von Studenten, Hochschullehrern und anderen Akademikern als eBook und gedrucktes Buch. Die Verlagswebsite www.grin.com ist die ideale Plattform zur Veröffentlichung von Hausarbeiten, Abschlussarbeiten, wissenschaftlichen Aufsätzen, Dissertationen und Fachbüchern.

Besuchen Sie uns im Internet:

http://www.grin.com/

http://www.facebook.com/grincom

http://www.twitter.com/grin_com

Facharbeit

Inwiefern gibt Senecas Auffassung

zum Umgang mit Sklaven

einen Ausblick auf die

heutigen Menschenrechte?

Inhaltsverzeichnis

1   Einleitung

Seneca, ein Stoiker des antiken Roms, hat über die philosophische Grundlage der Stoa hinaus, die die Gleichheit aller Menschen als Träger des göttlichen Geistes annehmen,[1] eine besonders humane Einstellung. 'Der Mensch sollte dem Mensch heilig sein.'[2] Eine Aussage Senecas im Bezug auf die Gladiatorenkämpfe, durch die klar wird, dass Seneca Gladiatoren, Sklaven und Freie ohne Ausnahme als Menschen ansieht und für die Humanität auch ihnen gegenüber plädiert.

In der Epistel 47 wird besonders sein Wohlwollen den Sklaven gegenüber und seine Kritik an zu harter Behandlung durch ihre Herren hervorgehoben. Denn in seiner Zeit war Sklaverei ein selbstverständlicher Teil der römischen Gesellschaft und Wirtschaft, ohne die das römische System nicht derartig hätte aufblühen können.[3]

Doch wie stark war Senecas Einfluss auf die Einstellung der Herrschenden und wie entwickelte sich die Sklaverei bis zu den heutigen Menschenrechten?

Gab Seneca den Anstoß zu einem grundlegendem Umdenken oder war er nur einer von vielen, der jedoch aussprach, dass Missstände aufgearbeitet werden müssen und das System überdacht werden muss?

In den folgenden Ausführungen möchte ich versuchen, intensiv auf die Hintergründe dieser Thematik einzugehen und nach Antworten auf diese Fragen zu suchen.

2   Seneca Epistel 47

Da die Epistel 47 im Original eine gewisse Komplexität besitzt, habe ich nur die für meine Ausführugen bedeutsamen Textstellen ausgewählt, um sie anschließend zu übersetzen.

2.1   Original-Textauszüge

[1] „Libenter ex his, qui a te veniunt, cognovi familiariter te cum servis tuis vivere: hoc prudentiam tuam, hoc eruditionem decet. 'Servi sunt.' Immo homines. 'Servi sunt.' Immo contubernales. 'Servi sunt.' Immo humiles amici. 'Servi sunt.' Immo conservi, si cogitaveris tantundem in utrosque licere fortunae."

---

1 vgl. Frau Dr. Busch 2010 Lateinunterricht 12.1
2 vgl. L. P. Wilkinson 1979, S. 266
3 vgl. Information zu Sklaverei und Menschenrechten

[3] „At infelicibus servis movere labra ne in hoc quidem, ut loquantur, licet. Virga murmur omne compescitur[...]"

[5] „[...] sed tamquam iumentis abutimur [...]"

[9] „[...] primam decuriam; [...] ipse non iudicavit domo sua dignum. [...]"

[10] „[...] ex isdem seminibus ortum [...]"

[11] „[...] in quos superbissimi, crudelissimi, contumeliosissimi sumus. [...] Sic cum inferiore vivas, quemadmodum tecum superiorem velis vivere. Quotiens in mentem venerit quantum tibi in servum <tuum> liceat, veniat in mentem tantundem in te domino tuo licere. [...]"

[13] „Vive cum servo clementer, comiter quoque, et in sermonem illum admitte et in consilium et in convictum. [...]"

[15] „[...] non ministeriis illos aestimabo, sed moribus. [...]"

[17] " 'Servus est.' Sed fortasse liber animo. 'Servus est.' Hoc illi nocebit? Ostende quis non sit: alius libidini servit, alius avaritiae, alius ambitioni, <omnes spei>, omnes timori. [...] nulla servitus turpior est quam voluntaria.[...]"

[19] „Rectissime ergo facere te iudico, quod timeri a servis tuis non vis, quod verborum castigatione uteris: verberibus muta admonentur. [...]"

[20] „Regum nobis induimus animos [...]"

2.2   Übersetzung

[1] Ich habe gern von diesen, die von dir kommen, erfahren, dass du mit deinen Sklaven freundlich zusammenlebst: Diese, deine Klugheit, diese Bildung kommt hier zur Geltung. 'Es sind Sklaven.' Im Gegenteil, Menschen. 'Es sind Sklaven.' Ja, sogar Kameraden. 'Es sind Sklaven.' Nein, vielmehr niedere Freunde. 'Es sind Sklaven.' Nein, Mitsklaven, wenn du bedenkst, dass eben soviel gegenüber dem einen wie dem anderen frei dem Schicksal erlaubt ist.

[3] Jedoch den unglücklichen Sklaven ist es nicht wenigstens in diesem Fall erlaubt,die Lippen zu bewegen, wie sie sprechen.

[5] Aber wir missbrauchen sie wie Lasttiere.

[9] erste Dekurie; Er selbst hat sie nicht für sein Haus würdig erklärt.

[10] aus denselben Samen entstanden

4

[11] Gegenüber diesen sind wir sehr überheblich, sehr grausam und sehr demütigend ; Du lebst so mit einem unterlegenen, wie du wünschst, dass ein überlegener mit dir lebt.

[13] Lebe mild mit deinem Sklaven und auch freundlich, und ziehe jenen zum Gespräch hinzu und zur Beratung und zur Tischgesellschaft.

[15] Bewerte jene nicht nach den Diensten, sondern nach den Sitten.

[17] 'Er ist ein Sklave.' Aber vielleicht mit einem freien Geist. 'Er ist ein Sklave.' Wird dies jenem schaden? Zeige, wer es nicht sein würde: Einer dient seiner Genusssucht, ein anderer dient seiner Habgier, wieder ein anderer dient seinem Ehrgeiz, alle sind Sklaven der Hoffnung und alle Sklaven der Furcht. ; Keine Knechtschaft ist schändlicher als die freiwillige.

[19] Sehr richtig handelst du also, meiner Meinung nach, weil du nicht von deinen Sklaven gefürchtet werden willst, da du zur Züchtigung nur Worte gebrauchst.

[20] Wir haben die Einstellung von Herrschern angenommen.

2.3   Zusammenfassung

Seneca ist den Sklaven gegenüber milde gestimmt und fordert dies auch von seinem Freund Lucilius im Umgang mit diesen. Er sieht die Sklaven nicht nur als Diener, sondern auch als Menschen, denn sie haben den gleichen Ursprung wie ihre Herren. Er sieht sie als potentielle Freunde, denn es kann sein, dass sie trotz ihres Standes einen freien Geist haben und zu Beratungsgesprächen oder zur Teilnahme an der Tischgesellschaft geeignet sind. Laut Seneca soll man den Mensch nicht nach seinem Dienst, sondern nach seinem Charakter beurteilen. Das Schicksal unterscheidet seiner Meinung nach nicht zwischen Sklaven und Herren. Und er bezeichnet die Sklaven sogar als Mitsklaven, weil er jeden Mensch für den Sklaven seiner Schwächen hält. Und zwar gilt für ihn diese selbstgewählte Knechtschaft als die schändlichste.

Da Seneca den Sklaven recht positiv gegenübersteht, kritisiert er die Missstände, die sie betreffen. Darunter fallen ein strenges Sprechverbot, harte Strafen, Einteilung in Klassen zum Verkauf und allgemein die Tyrannei ihrer Herren.

Senecas Empfehlung an Lucilius ist folglich, von seinen Sklaven nicht Furcht, sondern Verehrung zu erwarten und sich freundlich ihnen gegenüber zu verhalten. Er solle sie gegebenenfalls zur Beratung oder zum Mahl hinzuziehen.

2.4   Interpretation

Seneca teilt seinem Freund Lucilius in den „Epistulae Morales" seine Auffassung zu den Grundregeln der Stoa und der Lebensführung mit, indem er sie ihm erklärt und mit eigenen Erfahrungen belegt.

Im Epistel 47 zeigt Seneca seine für antike Verhältnisse gewagte Einstellung zu den Sklaven, denn – wie er selbst beschreibt – haben die Herren seiner Zeit die Sklaven eher wie Lastvieh behandelt, als wie Menschen (5) und er dagegen plädiert für eine bessere Behandlung der Sklaven. An dieser Stelle ist gleichzeitig zu erkennen, dass Seneca durchaus auch sein eigenes Verhalten in Frage stellt, denn er spricht hier von „wir" (abutimur, 5), zählt sich also zu den Herrschenden dazu. Er geht sogar so weit, dass er Lucilius schreibt, sie – hiermit sind unter anderen Seneca und Lucilius gemeint – haben die Haltung von Tyrannen eingenommen (20).

Die Kritik an den schlechten Lebensbedingungen der Sklaven, wie schwerer Strafe: „nocte tota ieiuni mutique perstant" (3), unterstützt seine Empörung über den Umgang der Herren mit ihren Sklaven, die in einem Klimax gipfelt: „gegenüber diesen sind wir sehr überheblich, sehr grausam und sehr demütigend" (11).

Doch Seneca beurteilt das Verhalten der Herren nicht nur im direkten Bezug auf die Slaven. Er beschreibt mit einem verdeutlichend wirkenden Parallelismus, dass die einflussreichen Männer, Sklaven ihrer Untugenden seien: "Einer dient seiner Genusssucht, ein anderer dient seiner Habgier, wieder ein anderer dient seinem Ehrgeiz" (17). Da Seneca diese selbstgewählten Sklavereien als besonders schändlich ansieht, stellt er die Klasse der Herrschaft in diesem Punkt sogar unter die der Sklaven.

Im Gegensatz zu der eher negativen Einstellung gegenüber den Herren, verfasst Seneca sehr positive Gedanken zu den Sklaven selbst: Er hält sie für Menschen mit demselben Ursprung wie ihre Herren (10), für mögliche Freunde (1) und Berater. Die Aufzählung der vielen Rollen, in denen ein Sklave seiner Meinung nach über seinen Dienst hinaus leben kann und soll, verstärkt seine Ansicht im Gegensatz zu der verbreiteten Meinung "Servi sunt." Die Wiederholung dieser beiden Worte deutet die Abfälligkeit an, mit der die herrschende Schicht auf die Sklaven herabsieht. Doch Seneca wiederholt diese Struktur des Lobes der Sklaven in Verbindung mit dem wiederkehrenden Einschub "Servi est." noch einmal im Verlauf des Briefes und wird nun deutlicher, was seine Sicht auf die Sklaven betrifft.

Denn jetzt spricht er davon, dass auch Sklaven einen freien Geist (17) haben können.

Diese Eigenschaft ist nach Auffassung der damaligen Zeit eindeutig der Oberschicht vorbehalten:

Schon Aristoteles spricht davon, dass von Natur aus festgelegt ist, welcher Mensch zum Dienen und welcher zum Herrschen bestimmt ist und auch Caesar schiebt das Schicksal der Sklaven der Natur zu, deren Anordnung auch er sich unterwirft.[4]

Ein weiterer wichtiger Mann aus der römischen Geschichte, Kaiser Augustus, schränkt später sogar die Möglichkeit der Freilassung von Sklaven ein und stuft sie mit dieser Handlung noch weiter herab.[5]

Senecas Intention ist dieser Haltung entgegen zu wirken. Er möchte, dass Lucilius sich an seinen Ratschlägen orientiert und weiterhin nicht zögert, sich seinen Sklaven gegenüber menschlich zu verhalten. Dies macht Seneca immer wieder in kurzen Fazits deutlich: „Sehr richtig handelst du also, meiner Meinung nach, weil du nicht von deinen Sklaven gefürchtet werden willst, da du zur Züchtigung nur Worte gebrauchst." (19). So kann der Leser dem Argumentationsgang besser folgen und prägt sich die wichtigsten Thesen besonders gut ein.

Senecas Milde den Sklaven gegenüber und seine strikte Forderung nach Verbesserung derer Verhältnisse ist auch auf den großen Sklavenaufstand von Spartacus 73-71 v. Chr.[6] zurückzuführen, denn Seneca schrieb die "Epistulae Morales" in seinen letzten Lebensjahren 62-65 v. Chr.[7]. Mit den Gedanken an den Aufstand, ist es wahrscheinlich naheliegend, weiteren Unruhen vorzubeugen, vor allem indem man gegen die schlechte Behandlung der Sklaven vorgeht. Denn die zahlenmäßige Macht der Sklaven, die in Hoch-Zeiten Roms die Zahl der Bürger um das 20-fache übertraf, barg eine große potentielle Gefahr für das gesamte Reich.[8] Diese Schwäche des Reiches erkannten vielleicht auch andere bedeutende Persönlichkeiten Roms. Denn auch Plinius, Martial und der Dichter Juvenal protestierten gegen die Grausamkeiten, die den Sklaven angetan wurden.[9]

Der Einfluss von diesen und natürlich der von Seneca hat sich im Lauf der

---

4   vgl. H.D. Stöver 1976, S.245
5   vgl. H.D. Stöver 1976, S.271
6   vgl. Guy de la Bédoyère 2008, S. 62
7   vgl. Heinz Berthold 1984, S. 348
8   vgl. Information zu Sklaverei und Menschenrechten
9   vgl. L.P. Wilkinson 1979, S. 256

Geschichte zu Gunsten der Sklaven ausgewirkt: Kaiser Claudius hat ein Edikt erlassen, dass kranke und arbeitsunfähige Sklaven vor Mord und Vernachlässigung geschützt werden.[10] Weiterhin erreichte Seneca unter Nero eine Klagemöglichkeit für misshandelte Sklaven.[11]

An der historischen Entwicklung der letzten Jahrhunderte, die in der „Allgemeinen Erklärung der Menschenrechte" der Vereinten Nationen von 1948 einen Höhepunkt erreicht hat,[12] ist zu erkennen, dass Senecas Ansichten fortschrittlich sind. Er erkennt, dass Sklaven in erster Linie Menschen sind und man dementsprechend mit ihnen umgehen sollte.

3   Historische Hintergrundinformationen

3.1   Biografisches zu Seneca

Lucius Annaeus Seneca , um 4 v.Chr. in Corduba (Córdoba; Spanien) geboren, wurde in Rom in den Bereichen Rhetorik, stoische Philosophie und praktische Politik ausgebildet. Daraufhin schlug er zunächst die rechtliche Laufbahn ein, wurde jedoch Schriftsteller, nachdem er von seinem Vater geerbt hatte und somit finanziell abgesichert war. In diesem Beruf schrieb er viele Abhandlungen über die richtigen Lebensweisen des stoischen Weisen.

Nacht acht Jahren Verbannung auf Korsika wegen einer unsittlichen Beziehung, wurde Seneca Erzieher von Kaiser Nero und leitete den Staat fünf Jahre lang bevor Nero selbst die Macht ergriff. Unter Nero war Seneca noch lange für die Regierungsgeschäfte verantwortlich, zum Ende hin sogar gegen seinen Willen. Er deckte zu viele von Neros Verbrechen und war sich dessen auch bewusst, sodass er sich wünschte „die Irrwege der Macht gemieden zu haben".

Nero klagte Seneca später an, an einer Verschwörung teilgenommen zu haben und forderte seinen Selbstmord, den sein früherer Lehrer schließlich 65 n. Chr. beging.[13]

3.2 Die Lebensbedingungen der Sklaven in Rom

Sklave konnte jeder werden, der in Kriegsgefangenschaft genommen oder wegen ei-

---

10 vgl. Jérôme Carcopino 1977, S. 94
11 vgl. L.P. Wilkinson 1979, S. 256
12 vgl. K. Peter Fritzsche 2004, S.231
13 vgl. http://www.info-antike.de/senecaf.htm

ner Straftat verurteilt wurde.

Das Leben, das einen solchen Menschen erwartete, war grausam und hart; besonders wenn die Arbeit, die er zu verrichten hatte, schwer war, wie z.B. im Bergwerk. Familie und Vermögen konnten Sklaven nur inoffiziell und je nach Milde des Herrn haben. Das Wohlergehen der Sklaven war ebenfalls abhängig vom Gemüt des Herrn, sodass es einem Sklaven einer reichen und gutmütigen Herrenfamilie oft besser erging als einem armen Freien.

Mit der Zeit merkten viele Herren, dass ihre Sklaven effektiver arbeiteten, wenn sie ein Ziel vor Augen hatten. So kam es zu immer häufigeren Freilassungen von Sklaven, die danach zwar noch an ihren Patron gebunden waren und auch meist noch denselben Aufgaben nachgingen, aber eigene Rechte hatten. Freigelassene mussten sich jedoch selbst versorgen, sodass ihre Herren nicht mehr für Essen und Kleidung aufkommen mussten.[14]

3.3 Die Stoa

Die Stoa ist die Philosophie von Seneca, die in Rom neben dem Epikureismus kursierte und bei den Römern besonderen Anklang fand. Die Ursache dafür lag wahrscheinlich in der Einfachheit der stoischen Grundgedanken. Denn der Stoizismus fordert dazu auf, die Dinge so zu nehmen wie sie kommen und die virtus, also die Tugend, zu achten.[15] Die Stoiker sind der Überzeugung, dass der weise Mensch glücklich lebt, wenn er in Einklang mit der Natur lebt und sich dennoch in den Dienst der Gemeinschaft stellt.[16] Dieser Aspekt wurde besonders interessant, als in Rom öffentliche Ämter nur noch mit Mühe und Not besetzt werden konnten. So bevorzugte auch der damalige Kaiser Augustus die Stoa und nicht die Epikureer, die es für besser hielten, sich aus dem öffentlichen Leben zu entziehen.[17]

Die Stoiker glauben an eine Welt, die geplant und von Göttern gelenkt ist. Der Mensch soll sich nicht zu sehr von seiner voluptas, also von seinem Verlangen, leiten lassen, sondern auf seinen Verstand hören.[18]

Im Bezug auf die Sklaverei stellt die stoische Auffassung deren Rechtmäßigkeit in Frage, denn die Bewertung eines Menschen als Sachbesitz eines anderen sei gegen

---

14 vgl. Guy de la Bédoyère 2006, S.63f
15 vgl. Guy de la Bédoyère 2006, S.49
16 vgl. Frau Dr. Busch 2010 Lateinunterricht 12.1
17 vgl. Information zur Stoa
18 vgl. Frau Dr. Busch 2010 Lateinunterricht 12.1

die Natur. Doch da die Stoiker die Arbeitskraft der Sklaven für die römische Wirtschaft und Gesellschaft als Notwendigkeit sahen, ließen sie ihre Bedenken zunächst unausgesprochen.[19]

3.4 Die Geschichte der Sklaverei

In den antiken Hochkulturen war die Sklaverei selbstverständlich. In Mesopotamien, in Ägypten, in Griechenland und in Rom gehörten Sklavenhandel und -nutzung zum täglichen Leben. Nur mit diesen Arbeitskräften, die nicht bezahlt werden mussten, konnte ein römisches Imperium einer solch enormen Größe entstehen.

Auch im islamisch-arabischen Raum war der Sklavenhandel üblich und Historiker vermuten sogar, dass das Wort „Sklave" vom arabischen Wort „saqaliba" abstammt.[20] Die Hoch-Zeiten lagen zwischen dem 7. und dem 20. Jahrhundert, ebenso wie in Afrika, während im atlantisch-amerikanischen Raum zwischen 1450-1860 die meisten Sklavenhandel abgeschlossen wurden.

Nach der Entdeckung und Besiedelung Amerikas kam der Sklaventransfer zwischen Europa und den USA auf. 400 Jahre lang wurden Menschen unter unmenschlichsten Bedingungen versklavt und über den atlantischen Ozean verschifft. Dies lässt sich besonders anschaulich an einem Schnitt durch ein Sklavenschiff erkennen (s. Anlage 7.1). Aber auch die Kolonialisierung in andere Richtungen kurbelte den Sklavenhandel enorm an. Der Dreieckshandel zwischen Europa, Afrika und Amerika nahm dabei besonders grausame Formen und enorme Ausmaße an.[21]

Im 18. Jahrhundert dagegen provozierte die Aufklärung Proteste gegen diese menschenverachtenden Vorgänge und viele Sklaven versuchten sich selbst zu befreien. Daraus resultierte die Abschaffung der Sklaverei in vielen Ländern. Dänemark hob die Legitimation der Sklaverei bereits 1722 auf , England schloss sich im Jahr 1805 an. Das Verbot des Handels mit Menschen in den Südstaaten der USA zum Ende des Sezessionskrieges (1865) leitete das Ende der rechtmäßigen Sklaverei in den Industrienationen ein. Zum Ende des 19. Jahrhunderts wurde der Sklavenhandel dann auch in Afrika formell verboten.

Heute ist die Sklaverei weltweit offiziell abgeschafft. Doch Sklaverei gibt es immer noch in Form von politischer Gefangenschaft, Kinderarbeit, Zwangsprostitution, Re-

---

19 vgl. Wilkinson L.P. 1979, S.104
20 vgl. Information zu Sklaverei und Menschenrechten
21 vgl. Information zur Geschichte der Sklaverei

krutierung von Kindersoldaten (siehe Anlage 6.4) sowie der klassischen Form der Leibeigenschaft und wirtschaftlicher Ausbeutung.

Der renommierte amerikanische Sklaverei-Forscher Kevin Bales äußerte sich zur heutigen Sklaverei im Vergleich zur historischen Sklaverei wie folgt:

> "In der Vergangenheit bedeutete Sklavenhaltung, dass eine Person eine andere rechtmäßig besaß; in der modernen Sklaverei ist dies nicht der Fall. Heute ist Sklaverei weltweit verboten, daher ist es nicht mehr möglich, Menschen legal zu besitzen. Kauft jemand heutzutage Sklaven, verlangt er keine Quittung oder Eigentumsurkunde, sondern erwirbt die Verfügungsmacht über einen an deren und setzt Gewalt ein, um diese aufrechtzuerhalten. Sklavenhalter genie ßen alle Vorteile der Inhaberschaft, ohne gesetzlich dazu berechtigt zu sein. In Wirklichkeit ist es für Sklavenhalter sogar von Vorteil, nicht rechtmäßige Be sitzer zu sein, da sie so die Sklaven völlig ihrer Kontrolle unterwerfen kön nen, ohne eine wie auch immer geartete Verantwortung für sie zu überneh men. Daher ziehe ich die Bezeichnung Sklavenhalter dem Begriff Sklavenbe sitzer vor."

Die moderne Sklaverei stört sich also nach Bales keineswegs an dem offiziellen Verbot, sondern die Sklavenhalter profitieren sogar an der ausbleibenden Verantwortung gegenüber dem Opfer. Der Forscher schätzt, dass heute mindestens 27 Millionen Menschen in Verhältnissen leben, die den Bedingungen von Sklaven gleichen. Die Dunkelziffer ist erheblich höher.[22]

Um den immer noch zahlreichen Opfern zu gedenken gibt es am 23. August seit 1998, einen von der UNESCO eingerichteten Gedenktag.[23]

4   Menschenrechte

4.1   Das römische Recht zur Sklaverei

Schon die Römer hatten ein komplexes Rechtssystem, das auf dem Zwölftafelgesetz von ca. 450 v. Chr. basierte. Die daraus resultierende Gesetzessammlung „Corpus Iuris Civilis" galt bis ins 18. Jahrhundert als Grundlage des europäischen Zivilrechts. Diese Gesetze galten allerdings vorwiegend für die Bürger des römischen Reiches und weniger für die Sklaven des Systems. Dennoch gab es auch Rechte für Sklaven. Sie durften nicht aufgrund von Krankheit getötet werden, nicht kastriert oder anderweitig körperlich missbraucht werden. Es bestand die Möglichkeit, dass ein Mörder eines Sklaven strafrechtlich verfolgt wird. Ein Sklave konnte von seinem Herrn mit seinem Testament freigelassen oder zu Lebzeiten des Herrn von diesem aus seinem

---

22 vgl. Information zu Sklaverei und Menschenrechten
23 vgl. http://www.helles-koepfchen.de/artikel/2868.html

Dienst entlassen werden. Weiter konnte er eine Lebensgemeinschaft führen, die zwar nicht als rechtliche Ehe angesehen wurde, aber dem Sklaven dennoch eine Verbesserung der Lebenssituation ermöglichte. [24]

Ferner konnte ein Sklave durch Verkauf eines Teils seiner Nahrung oder durch zusätzliche Arbeit ein kleines Vermögen:"peculium" sparen, mit dem er sich oder ein Kind frei kaufen konnte.[25]

Aufgrund ihrer hauptsächlichen Rechtlosigkeit durfte mit ihnen gehandelt werden, sie durften sexuell ausgenutzt werden und waren von der Gnade ihrer Herren abhängig.[26]

4.2   Heutige Menschenrechte im Hinblick auf Sklaverei

Die heutigen Menschenrechte dagegen, die am 10.12.1948 in der „Allgemeinen Erklärung der Menschenrechte" der Vereinten Nationen festgehalten wurden, drücken die rechtmäßige Abschaffung der Sklaverei aus: „Niemand darf in Sklaverei oder Leibeigenschaft gehalten werden; Sklaverei und Sklavenhandel in allen Formen sind verboten." (Artikel 4) Weitere Artikel dieser Erklärung haben Inhalte wie das Recht auf Würde, Freiheit, Gleichheit vor dem Gesetz, Eigentum, Meinungsfreiheit u.v.m., aus denen sich ebenfalls ein Verbot der Sklaverei ergibt.[27]

Neben den Menschenrechten schützen natürlich auch die deutschen Grundrechte die Würde und Unversehrtheit des Menschen und unterbinden somit die Sklaverei.[28]

5   Seneca – heutige Situation

5.1   Vergleichende Zusammenfassung

Seneca hatte eine gute Ausbildung und besonders durch seine Zeit als Lehrer Neros eine besonders große politische Erfahrung. Er lebte in einer Zeit, zu der die Sklaverei Bestandteil der Gesellschaft und Wirtschaft war, und auch eine harte Behandlung dieser entrechteten Menschen akzeptiert wurde. Seneca war Stoiker und hatte somit in seiner philosophischen Einstellung einen Ansatz zur Kritik an dieser menschenverachtenden Handlungsweise. Da er das römische Recht gut kannte, wusste er um die

---

24 vgl. Guy de la Bédoyère 2008, S.63f
25 vgl. Jérôme Carcopino 1977, S.93
26 vgl. L.P. Wilkinson 1979, S.201
27 vgl. K. Peter Fritzsche 2004, S.231-236
28 vgl. Information zu den Grundrechten

Rechtlosigkeit der Sklaven und setzte deshalb sein politisches Geschick so ein, dass er den Sklaven die Möglichkeit zur Klage, und so zu einer eingeschränkten Mündigkeit, verschaffen konnte.

Ob aufgrund von Senecas Einsatz oder vielmehr basierend auf einem gesamten gesellschaftlichen Umschwung – die Geschichte zeigt, dass die Sklaverei zwar bis heute ein Problem ist, aber als solches erkannt, deshalb gesetzlich verboten und in einigen Teilen der Welt bereits tatsächlich abgeschafft.

5.2   Schluss

Nun möchte ich eine Auswertung meiner bisher gesammelten Informationen vornehmen.

Seneca war nicht der einzige seiner Zeit, der sich für die Besserung der Lebensbedingungen von Sklaven eingesetzt hat, denn auch Plinius, Martial und Juvenal haben Kritik geübt. Daran zeigt sich, dass die Stoiker – also ein nicht unerheblicher Teil der Bevölkerung – die Idee der Humanität und Gleichberechtigung in die Gesellschaft und damit in die Politik brachten.

Seneca hatte den Vorteil, für fünf Jahre als Erzieher Neros selbst die Regierungsaktivitäten Roms in Händen zu halten, und ergriff die Chance, um den Menschen zu helfen, die selbst nicht aussprechen durften, welches Leid sie plagte. Er war also Teil einer Bewegung und gab durch den kleinen, aber bedeutenden rechtlichen Erfolg für die Sklaven sicher Anstoß für andere, ebenfalls einzuschreiten.

Neben der ethischen Sicht auf die fragliche Behandlung der Sklaven, führte aber vor allem später die Knappheit an Sklaven und ihr damit steigender Wert, zu einer allgemein besseren Behandlung der Diener. Denn die Herrscher wollten ihre Arbeitskräfte erhalten und zu Effizienz animieren. Daraus resultierten wiederum Freilassungen, die als eine deutliche Verbesserung der rechtlichen Situation eines zuvor unfreien Menschen aufzufassen sind.

Dies war gewiss der Anfang vom Ende der Sklaverei, doch der Weg ist bis heute noch nicht zu Ende. Auf die römische Sklaverei und gleichzeitig die in Mesopotamien, Ägypten und Griechenland folgte Sklavenhandel und -haltung im Mittelalter im islamisch-arabischen Raum sowie in Afrika, während im atlantisch-amerikanischen Raum der Menschenhandel erst mit der Neuzeit expandierte. Diese Entwicklung geht seit anspruchsvollen Denkern der Antike, wie Seneca, mit

Kritik einher und schließlich setzte sich letztere durch. 1948 wird durch die „Allgemeine Erklärung der Menschenrechte" der Vereinten Nationen die Sklaverei offiziell verboten. Weitere Rechtsnormen zum Verbot der Sklaverei gehen daraufhin um die Welt.

Der Grund dafür, dass heute dennoch Sklaverei existiert, liegt sicher nahe an der Motivation von Römern und Griechen, denn ein Arbeiter, für den man nicht zahlt, ist wirtschaftlich gesehen sehr vorteilhaft. Doch sollte spätestens heute – und nach Köpfen wie Seneca auch schon in der Antike – der schwerwiegendere Aspekt bei der Betrachtung eines solchen Sachverhalts auf der moralischen, menschlichen Seite liegen.

6 Anlagen

6.1 Bild Sklavenschiff

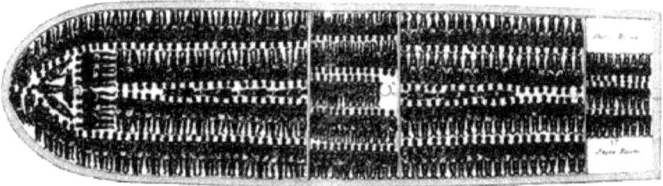

(aus „Information zur Geschichte der Sklaverei"; s. Literaturverzeichnis)

6.2 Die vollständige Epistel 47

XLVII. SENECA LUCILIO SUO SALUTEM

[1] Libenter ex iis qui a te veniunt cognovi familiariter te cum servis tuis vivere: hoc prudentiam tuam, hoc eruditionem decet. 'Servi sunt.' Immo homines. 'Servi sunt' Immo contubernales. 'Servi sunt.' Immo humiles amici. 'Servi sunt.' Immo conservi, si cogitaveris tantundem in utrosque licere fortunae. [2] Itaque rideo istos qui turpe existimant cum servo suo cenare: quare, nisi quia superbissima consuetudo cenanti domino stantium servorum turbam circumdedit? Est ille plus quam capit, et ingenti aviditate onerat distentum ventrem ac desuetum iam ventris officio, ut maiore opera omnia egerat quam ingessit. [3] At infelicibus servis movere labra ne in hoc quidem ut

14

loquantur, licet; virga murmur omne compescitur, et ne fortuita quidem verberibus excepta sunt, tussis, sternumenta, singultus; magno malo ulla voce interpellatum silentium luitur; nocte tota ieiuni mutique perstant. [4] Sic fit ut isti de domino loquantur quibus coram domino loqui non licet. At illi quibus non tantum coram dominis sed cum ipsis erat sermo, quorum os non consuebatur, parati erant pro domino porrigere cervicem, periculum imminens in caput suum avertere; in conviviis loquebantur, sed in tormentis tacebant. [5] Deinde eiusdem arrogantiae proverbium iactatur, totidem hostes esse quot servos: non habemus illos hostes sed facimus. Alia interim crudelia, inhumana praetereo, quod ne tamquam hominibus quidem sed tamquam iumentis abutimur. [quod] Cum ad cenandum discubuimus, alius sputa deterget, alius reliquias temulentorum <toro> subditus colligit. [6] Alius pretiosas aves scindit; per pectus et clunes certis ductibus circumferens eruditam manum frusta excutit, infelix, qui huic uni rei vivit, ut altilia decenter secet, nisi quod miserior est qui hoc voluptatis causa docet quam qui necessitatis discit. [7] Alius vini minister in muliebrem modum ornatus cum aetate luctatur: non potest effugere pueritiam, retrahitur, iamque militari habitu glaber retritis pilis aut penitus evulsis tota nocte pervigilat, quam inter ebrietatem domini ac libidinem dividit et in cubiculo vir, in convivio puer est. [8] Alius, cui convivarum censura permissa est, perstat infelix et exspectat quos adulatio et intemperantia aut gulae aut linguae revocet in crastinum. Adice obsonatores quibus dominici palati notitia subtilis est, qui sciunt cuius illum rei sapor excitet, cuius delectet aspectus, cuius novitate nauseabundus erigi possit, quid iam ipsa satietate fastidiat, quid illo die esuriat. Cum his cenare non sustinet et maiestatis suae deminutionem putat ad eandem mensam cum servo suo accedere. Di melius! quot ex istis dominos habet! [9] Stare ante limen Callisti domi num suum vidi et eum qui illi impegerat titulum, qui inter reicula mancipia produxerat, aliis intrantibus excludi. Rettulit illi gratiam servus ille in primam decuriam coniectus, in qua vocem praeco experitur: et ipse illum invicem apologavit, et ipse non iudicavit domo sua dignum. Dominus Callistum vendidit: sed domino quam multa Callistus!

[10] Vis tu cogitare istum quem servum tuum vocas ex isdem seminibus ortum eodem frui caelo, aeque spirare, aeque vivere, aeque mori! tam tu illum videre ingenuum potes quam ille te servum. Variana clade multos splendidissime natos, senatorium per militiam auspicantes gradum, fortuna depressit: alium ex illis pastorem, alium custodem casae fecit. Contemne nunc eius fortunae hominem in quam transire dum contemnis

15

potes.

[11] Nolo in ingentem me locum immittere et de usu servorum disputare, in quos superbissimi, crudelissimi, contumeliosissimi sumus. Haec tamen praecepti mei summa est: sic cum inferiore vivas quemadmodum tecum superiorem velis vivere. Quotiens in mentem venerit quantum tibi in servum <tuum> liceat, veniat in mentem tantundem in te domino tuo licere. [12] 'At ego' inquis 'nullum habeo dominum.' Bona aetas est: forsitan habebis. Nescis qua aetate Hecuba servire coeperit, qua Croesus, qua Darei mater, qua Platon, qua Diogenes? [13] Vive cum servo clementer, comiter quoque, et in sermonem illum admitte et in consilium et in convictum.

Hoc loco acclamabit mihi tota manus delicatorum 'nihil hac re humilius, nihil turpius'. Hos ego eosdem deprehendam alienorum servorum osculantes manum. [14] Ne illud quidem videtis, quam omnem invidiam maiores nostri dominis, omnem contumeliam servis detraxerint? Dominum patrem familiae appellaverunt, servos - quod etiam in mimis adhuc durat - familiares; instituerunt diem festum, non quo solo cum servis domini vescerentur, sed quo utique; honores illis in domo gerere, ius dicere permiserunt et domum pusillam rem publicam esse iudicaverunt. [15] 'Quid ergo? omnes servos admovebo mensae meae?' Non magis quam omnes liberos. Erras si existimas me quosdam quasi sordidioris operae reiecturum, ut puta illum mulionem et illum bubulcum. Non ministeriis illos aestimabo sed moribus: sibi quisque dat mores, ministeria casus assignat. Quidam cenent tecum quia digni sunt, quidam ut sint; si quid enim in illis ex sordida conversatione servile est, honestiorum convictus excutiet. [16] Non est, mi Lucili, quod amicum tantum in foro et in curia quaeras: si diligenter attenderis, et domi invenies. Saepe bona materia cessat sine artifice: tempta et experire. Quemadmodum stultus est qui equum empturus non ipsum inspicit sed stratum eius ac frenos, sic stultissimus est qui hominem aut ex veste aut ex condicione, quae vestis modo nobis circumdata est, aestimat. [17] 'Servus est.' Sed fortasse liber animo. 'Servus est.' Hoc illi nocebit? Ostende quis non sit: alius libidini servit, alius avaritiae, alius ambitioni, <omnes spei>, omnes timori. Dabo consularem aniculae servientem, dabo ancillulae divitem, ostendam nobilissimos iuvenes mancipia pantomimorum: nulla servitus turpior est quam voluntaria. Quare non est quod fastidiosi isti te deterreant quominus servis tuis hilarem te praestes et non superbe superiorem: colant potius te quam timeant.

[18] Dicet aliquis nunc me vocare ad pilleum servos et dominos de fastigio suo deicere, quod dixi, 'colant potius dominum quam timeant'. 'Ita' inquit 'prorsus? colant tamquam clientes, tamquam salutatores?' Hoc qui dixerit obliviscetur id dominis parum non esse quod deo sat est. Qui colitur, et amatur: non potest amor cum timore misceri. [19] Rectissime ergo facere te iudico quod timeri a servis tuis non vis, quod verborum castigatione uteris: verberibus muta admonentur. Non quidquid nos offendit et laedit; sed ad rabiem cogunt pervenire deliciae, ut quidquid non ex voluntate respondit iram evocet. [20] Regum nobis induimus animos; nam illi quoque obliti et suarum virium et imbecillitas alienae sic excandescunt, sic saeviunt, quasi iniuriam acceperint, a cuius rei periculo illos fortunae suae magnitudo tutissimos praestat. Nec hoc ignorant, sed occasionem nocendi captant querendo; acceperunt iniuriam ut facerent.

[21] Diutius te morari nolo; non est enim tibi exhortatione opus. Hoc habent inter cetera boni mores: placent sibi, permanent. Levis est malitia, saepe mutatur, non in melius sed in aliud. Vale. [29]

6.3   Bild von Seneca

http://www.info-antike.de/senecaf.htm (Stand 12.03.11)

---

29 http://www.thelatinlibrary.com/sen/seneca.ep5.shtml

6.4 Bild von einem Kindersoldaten

Kindersoldat aus Sierra Leone (Foto von UNICEF)
(Quelle: UNICEF/ Giacomo Pirozzi http://www.unicef.de)

7 Literaturverzeichnis

7.1 Bücher

7.1.1 Bücher zur Texterschließung

- Rosenbach, Manfred (1974) *Seneca Philosophische Schriften An Lucilius Briefe 1- 69* Darmstadt: Wissenschaftliche Buchgesellschaft
- Berthold, Heinz (1984) *Seneca Philosophische Schriften und Briefe* Leipzig: INSEL Verlag

7.1.2 Bücher bzw. Lexika zur Übersetzung

- Stowasser, J.M.; Petschenig, M.; Skutsch, F.(1979) *Stowasser* München: Oldenbourg Schulbuchverlag
- Utz, Clement (2004) *Prima Gesamtkurs Latein Textband Ausgabe A* Regensburg: C.C. Buchner

7.1.3 Bücher als geschichtliche Hintergrundinformation

- de la Bédoyère, Guy (2006) *Die Römer für Dummies* Weinheim: WILEY-VCH Verlag
- Wilkinson, L.P. (1979) *Rom und die Römer Portrait einer Kultur* Bergisch Gladbach: Gustav Lübbe Verlag
- Stöver, H.D. (1976) *Die Römer Taktiker der Macht* Düsseldorf: Econ Verlag
- Carcopino, Jérôme (1977) *Rom Leben und Kultur in der Kaiserzeit* Stutt-

gart: Philipp Reclam jun. Verlag

- Fritzsche, K.P. (2004) *Menschenrechte* Paderborn: Ferdinand Schöningh Verlag

7.2 Internet-Quellen

7.2.1 Internetseiten zur Texterschließung

- http://www.thelatinlibrary.com/sen/seneca.ep5.shtml (Stand 01.03.2011)
- http://www.latein-lk.de/Texte/Seneca/seneca_epis_47.htm (Stand 01.03.2011)
- http://mitglied.multimania.de/elmarsonline/uebersetzungen/seneca/sklaven_menschen.htm (Stand 01.03.2011)

7.2.2 Internet-Quellen als Online-Wörterbücher

- http://www.albertmartin.de/latein/ (Stand 01.03.2011)
- http://www.frag-caesar.de/ (Stand 01.03.2011)

7.2.3 Internet-Quellen als geschichtliche Hintergrundinformation

- Information zu Sklaverei und Menschenrechten: http://www.planet-wissen.de/politik_geschichte/menschenrechte/sklaverei/index.jsp (Stand 01.03.2011)
- Information zur Geschichte der Sklaverei: http://www.klett.de/sixcms/list.php?page=miniinfothek&miniinfothek=Geschichte+Infothek&article=Infoblatt+Die+Geschichte+der+Sklaverei (Stand 01.03.2011)
- Information zur Stoa: http://www.philosophie-der-stoa.de/roemische-stoa-philosophie.php (Stand 11.03.2011)
- Information zu den Grundrechten: http://www.bundestag.de/dokumente/rechtsgrundlagen/grundgesetz/gg_01.html (Stand 11.03.2011)
- Information zu Seneca: http://www.info-antike.de/senecaf.htm (Stand 12.03.2011)
- Information zu Sklaven früher und heute: http://www.helles-koepfchen.de/artikel/2868.html (Stand 13.03.11)